Ange

Femme

Éditions Dédicaces

FEMME, par ANGEL R. ALMAGRO

ÉDITIONS DÉDICACES LLC

www.dedicaces.ca | www.dedicaces.info
Courriel : info@dedicaces.ca

© Copyright — tous droits réservés – Angel R. Almagro
Toute reproduction, distribution et vente interdites
sans autorisation de l'auteur et de l'éditeur.

Angel R. Almagro

Femme

Chers amants et chères amantes de la poésie,

Une fois, tout au début, tout était monotone malgré que l'entourage était beau, affable et pleine de musique, jusqu'à ce que la femme heureusement et par dessein divin apparut, qui bouleversa l'esprit de l'homme, son partenaire.

Donc, à partir de lors, commença la création à travers la passion et le plaisir, mais sans amour, car il ne se tient pas sans jalousie, au moins qu'Adam et Eve ne soient jaloux que d'eux-mêmes, ou des animaux de l'environnement merveilleux!

Cherchant plaisir pour satisfaire le désir sexuel, parfois sans amour et sans passion, on continue la création humaine commencée et léguée par Dieu. Cependant, rarement on pense au légat divin de la procréation quand on fait l'amour, mais au plaisir fascinant que provoque cette relation intime entre une femme et un homme, orgie passionnelle entre deux êtres qui se plaisent et se désirent, bien que le plaisir et le désir soient parfois à peine partagés.

C'est ainsi que l'homme calme et maîtrise son instinct sexuel primitif et farouche provenant de son subconscient! Et c'est ainsi, en adoucissant cet instinct masculin, qu'une femme, sous la souffrance physique et morale, par le mépris d'autrui, et dont on dirait qu'elle a perdu la honte dans l'intimité, joue son rôle, surtout la nuit, sans nécessairement être une fille de joie ou une belle-de-nuit!

Elle ferait de son mieux pour que son partenaire éphémère aboutisse au zénith du plaisir, son désir alors comblé! Le

sienne, hélas, si toutefois elle en a, dans le vague! Et qu'elle soit une Nana, une Marie Duplessis, une Marguerite Gautier, ou La Païva, c'est une dame quand même, sans besoin de camélias, épanouies ou fanées!

Oh, Femme, je la plains, mais je lui en suis bon gré de tout cœur, soit-elle une fille de joie ou une belle-de-nuit, car c'est une dame qui fait une labour thérapeutique importante si on tient compte que l'orgasme et l'éjaculation sont des fonctions physiologiques nécessaires.

Selon Abraham Maslow dans "Une Théorie de la Motivation Humaine" (1943), il y a des besoins physiologiques qui sont des conditions nécessaires pour vivre sans troubles, dont l'aliment, l'air, la boisson, l'abri, le vêtement, la chaleur, le sexe et dormir. Donc, le sexe n'est pas un tabou ! C'est plutôt la dynamique et le soutien de l'humanité, en plus qu'il soulage l'esprit de l'homme en transe sexuel, en évitant ainsi qu'il ait des troubles émotifs et de mauvaises conduites sociales telles le rapt et l'abus sexuel quand ses pulsions sexuelles, sa libido, émergent farouches et sans contrôle.

Qu'elle rende homme heureux alors que son lit se voit défait mais encore tiède et humide !

Bénie soit-elle !
Oh, Femme !

Merci,

Angel R. Almagro

Femme

Femme, Femme, Femme !
Mon cœur fragile et faible, hélas,
Tout beau ta présence réclame
Mon âme de solitude est lasse !

A Cecilia, la femme avec qui j'ai partagé le plus l'amour, la passion, le plaisir et du bonheur. Il n'en est resté que le souvenir et le fruit commun !

De la sorte, créée fut la jolie,
Tels le pain et le vin, impure,
Et que ce soit le jour, ou bien la nuit,
Tout en souffrant, notre âme elle cure !

Si Dieu l'a joliment créée,
Il l'en aurait détruite alors !
Pour elle, peu existe, hélas, l'aurore !
Pour elle, n'existe que le lit défait.

Donc, amis, je vous persuade
D'aimer, non pas comme elle,
Faite exprès et femme et belle,
Que de haïr, je vous dissuade !

Raab

A toi, perdue dans la pénombre,
Brisée, dedans chaque nuit,
Qui écartes fière l'ennui
De nos corps sans encombre,
Et qui non sans nulle douleur,
Pour consoler, t'abandonnes,
Je t'honore et t'en donne
Ces paroles de tout cœur !

I

Magdalena

Te sachant solitaire
Que fût l'Eden tout beau
La femme fit le Père du haut
Et toi, son partenaire

Et l'homme mortel devint
Et un lieu confus, l'Eden :
Ayant sa Madeleine
Firent la vie, leurs mains !

II

Eve

Juste après le Septième Eveil,
Par un divin accord',
Naquît l'être sans pareil,
Dont doux le cœur, beau le corps
Et non moins pure l'âme,
Qui d'amour se nourrit ;
C'était la femme,
Des créations, la plus jolie !

III

Femme divine

Un certain jour, j'ai vu une femme
Très jolie, vraiment très jolie ;
Elle me tient encore en flamme
Déjà entière dans ma vie.

Mais ce qui m'a enivré,
Comme un papillon
Devant sa fleur préférée,
Un Iris ou un Rhododendron,
C'était un grain de beauté
Près de sa bouche, très joli ;
Non qu'il la rende inégalée,
Mais par sa bouche, il s'embellit.

IV

Dahlia

Toute fleur, toute fragile,
Odorante et reine, ne parfume
Dans cet univers difficile
Où tout semble être en brume,
Ni n'émerveille, ni ne calme plus,
Soit-elle ou Rose ou Bégonia,
Comme à mon compte, toute nue,
Sensuelle et tendre, fait Dahlia.

Fleur fragile aussi, elle est née
Belle et toujours exubérante,
Qui, plus que l'Orchidée «lierrée»,
Le Gui dont l'odeur on vante,
Ou l'étrange et fière Hortensia,
Davantage niche à mon rêve,
Mon odorante et douce Dahlia,
Pleine de suave arôme et sève.

O, combien le parfum sauvage
De sa fleur défendue me remet,
Qui embaume entier mon visage
Et mon instinct pécheur défait!

Combien les pétales soyeux
De sa douce fleur que j'embrasse
Si affolé et tout heureux,
Cajolent mes lèvres sans hélas!

O, femme divine et unique
Que sur sa couche allongée,
Toute à moi, sainte et pudique,
Librement je possède «évée»![ii]

O, combien mon instinct en plein ire
Dans ses entrailles jette des cris,
Nos corps au sommet du délire
Faisant leur rituel de folie!

Et une fois venue la belle aurore
Dans mes bras elle se réveille,
Poitrine et poitrine, corps et corps,
Vers l'Est alors, le Soleil
Qui apporte la lueur géante,
Quand par sa bouche, ô, «Mia»!
Petite et légèrement béante,
J'écoute son doux alléluia:

«Et quand ta bouche
Ma rare fleur
Approche et touche
Bat fort mon cœur;
Et sur le lit,
Ma tiède couche,
Mon corps bénit
Tremble farouche!»

Et combien si soulagés nos corps,
Après leur danse, se retrouvent
Jusqu'à ce qu'une fois encore
Arôme émane par sa fleur qui s'ouvre,
Dont je goûte à neuf la sève
Qui ranime mon fol instinct,
Que sans honte et sans trêve
Son labyrinthe étroit fait sien!

Et sans honte et sans larmes,
Sans douleur et sans cris,
Son étrange fleur pleine de charmes
Mon amertume humaine adoucit!

V

Femme

Un jour, c'était plutôt la nuit,
Alors qu'encore je rêvais
De l'amour et de la paix,
Il me vint un vieil homme, sans bruit,
A qui je montrai mon rêve, quelle énigme!

Qu'il regarda et me sourit tout beau.
«C'est simple, rêveur; ce n'est qu'un mot,
Me dit-il, un mot magnanime,
Qui rendra réalité ton joli rêve».

Je pensai à une fleur, au Bégonia,
Signe d'amitié cordiale, ou au Gardénia,
De la sincérité même, et sans trêve,
Je cherchai et ailleurs et dans mon âme,
Et d'emblée, tel s'unissent la nuit et le jour
A l'aube, s'unirent les mots paix et amour,
Et en surgit un vocable unique: femme!

VI

Femme, Rose Immaculée

Femme nôtre qui nous fais
Et nourris d'amour notre âme,
Maternel et d'amie, de douce paix,
Mais ardent amour comme flamme
Eternelle et pure; et d'amour de fille!
Amoureuse amante, tu es divine fleur,
Miséricordieuse et semence de famille!
Oh, abeille reine et à la fois de labeur,
Unique œuvre qui en soi tient nature,
Rose immaculée et sainte créature.

VII

La Belle

Que ce soit la nuit
Ou par un jour clair
Où le Soleil reluit,
Et sur la mer
Ou par ailleurs.

Que je sois endormi
Ou plein de sueur
Par le travail ami.

Que soit mon jardin fleurit;
Qu'il soit, hélas, sans fleurs,
Je ne rêve que d'elle.

Et je demeure ému
Par la présence si belle
De son corps pur et nu!

VIII

Judith (Judy)

Secret et étrange amour
Qui à notre insu, soudain,
Immense et libre, un jour
Est né si sain,
Qu'il pousse encore
Sans faiblir sa marche,
Lentement, mais fort;
Et lentement sans relâche;
Charnel et sublime à la fois;
Qui soigne ta fleur
Pour la garder pour moi,
Pleine de feu et de fraîcheur.

T'aimer aveuglement
Jusqu'au bout;
T'aimer fier tout temps,
Toi et moi pour nous
En face du vent
Ou sous la pluie;
Sur l'herbe du champ,
Loin du bruit;
Sous la lune ou au soleil;
Quelque part ou dans la mer;
Avant ou après le réveil;
Ou maintenant, si on préfère!

Mais t'aimer comme pas une
Ne l'a jamais été ainsi
Avant toi, ma grande fortune,
Ma douce et belle Judy.

Amour étrange et secret
Qui dans la joie cache mon âge
En plongeant mon âme dans la paix
Et mon cœur encourage
A t'aimer comme nulle dame
Ne l'a encore été ainsi
Avant toi, belle femme,
Qui mon existence ravit!

Dans la vie
Je reste ton rêve,
Même ta folie,
Maître de la sève
De ta fleur profonde
Que d'amour et plaisir,
Et du moi j'inonde
Par tant de désir
Qui nous rassemble,
Jusqu'à ce que nos corps,
Par tant de joie, tremblent
Et tremblent encore!

IX

Impudique

Derrière la fenêtre
En Eve qui attends,
Pour ton homme peut-être,
Ton ami ou ton amant,
Je te vois solitaire
Et j'en implore mon Divin
Pour devenir ton partenaire,
Au moins jusqu'au matin.

Et que défeuille la Véronique,
Hélas, qui n'ait péché jamais
En cherchant la paix
Chez la douce impudique!

X

Belle de nuit

Oh,
Ma jolie
Qui adoucit
Ma libido
Sans savoir
Mon saint credo,
Combien je vaux,
Ni mon histoire,
Laisse que je t'adore
Pendant cette nuit
Et efface un peu l'ennui
Qui rouille mon corps!

Je t'en prie,
Ma belle de nuit,
Belle de toujours,
De calmer ce feu d'amour.

Dans la pénombre de ton alcôve
Aussi parfumé qu'un beau jardin
De Roses, Muguets et Jasmins,
N'empêche que ta fleur me sauve!

Combien le poids d'un inconnu
Ne t'en est pas moins dur!
C'est la loi nature
Qui l'a voulu,
Mais tu cures
A ton insu!

Oh, ma Jolie,
Je t'en remercie!

Ne me laisse pas tombé en luxure
Et délivre-moi de ce doux mal
Qui face à l'œuvre impure
Me rend tel tout animal

Et que l'Iris défeuille,
Qui n'ait péché la nuit
Sans honte et sans orgueil
En face d'une fleur en fruit

XI

Qui que ce soit

Sans toi ma vie est nulle,
Toi, qui dans la fraîcheur de la nuit
Sous ce ciel où la lune s'ensoleille
Se montrant pleine et jolie,
Ou en miroitant, qui se couche et se réveille,
A l'aube ou au crépuscule,
Le jour,
Odorée et épanouie,
Nue toute et toute à moi, je t'aime,
Et mon cœur ivre s'en réjouit,
Témoin de ce transport suprême
D'amour.

XII

Femme encore

Femme de toujours
Pure divine dame
Femme qui luit
Par son immense âme;
Oiseau des nuits
Qui tant nous aime
Et nous réchauffe;
Qui la paix sème
Et notre âme sauve!

Oh, femme de cœur,
Sensible et jolie,
Qui fait du bonheur
Par sa triste insomnie

Bonheur d'autrui
Qu'elle procure
En cachant l'ennui
De sa belle blessure!

Plaie divine
Et plaie unique
Qui calme la libido
Du sage sadique!

Il ignore le fardeau
Et l'âme pudique,
Sauf la fleur sans épine,
La fleur de femme,
Qui, hélas!, en vieillit,
Tant l'ignoble infâme
Et cruel en jouit,
Le vrai pécheur
Qui ignore
Que la fleur
Sensible du corps
Peut languir,
Si, si fragile rose,
Non pas de plaisir,
Mais d'amour ne s'arrose.

Il en est des plus anciens
Pour naître avec l'homme;
Quiconque en transe y vient
Aura sans péché sa pomme.

Que serait l'homme farouche
Sans ce travail méconnu
Lorsqu'il en profite à sa couche
Par son corps si pur et nu!

Toujours dans son alcôve,
Elle reçoit des amis.
Quelle corvée, bien qu'elle sauve,
Non pas pour eux, pour la jolie.

Pour elle, non pas pour eux
Qui la paye après l'orgie
Et la laissent tous heureux
N'en ayant déjà plus envie.

Belle et digne dame,
Femme de cœur
Et de divine âme
Offrant sa fleur
A qui en réclame.

Seule digne dame
Qui offre sa fleur
Et même son âme
Sans clamer douceur!

Oh, reine des nuits
Des jours fantôme!
Pour elle non pas de pluie,
Ni pour sa fleur sans arôme!

De tout foyer en discorde
Toute dispute elle rompt
Etant douceur et miséricorde
Mais plutôt sainte, nous l'aimons.

Comment de tout corps
Vieux et ridé s'éloigne
Et retarde la mort
Lorsqu'elle le soigne!

Avec ses yeux noirs,
Ou verts ou bruns ou bleus
Sa peau ou ébène ou ivoire,
Son amour nous émeut.

Hélas! Fades, fini le fardeau,
Défaite, allongée à sa couche,
Les yeux ailleurs, restent sa peau,
Et sa plaie et sa bouche!

Mujer santa y decente
Limpia y pura
Que ahogas mi amargura
Cuando estás presente.

Femme de cœur,
Fragile et jolie
Qui de mon bonheur
Fais ton insomnie.

Bella y aseada mujer
De dulce y buen aroma,
La dicha en mi asoma
Cuando de ti me dejas beber.

Pure et divine dame,
Femme qui reluit
Par son immense âme;
Oiseau des longues nuits
Qui tant nous aime
Et nous réchauffe;
Qui la paix sème
Et notre âme sauve!

XIII

Femme pure

Pureté devenue femme
Qu'aux moments d'insomnie
Surtout je réclame
Pour faire de mes ennuis
Espaces vivantes de joie
Où tout ne vient qu'amour;
Où tout ne vient que toi
Jusqu'à la lumière du jour.

Oh Divine reine, oh douce femme,
Combien mon cœur et mon sang,
Soulagée entière mon âme,
Heureux s'arrêtent un instant
Lorsque soudain toute ma vie
Paraît qui valse dans l'air,
A mesure que s'évanouit
Ma folle ivresse dans ton sanctuaire

XIV

Femme adorée

C'est vraiment si beau
Près de la femme qu'on adore,
Après une nuit d'amour, tôt,
Voir se lever, venue l'aurore
Sur l'horizon tout vert,
Le Soleil luisant et doré,
Ou vers le large, dans la mer,
Dès une barque, même égarée!

XV

Ma jolie anonyme

Quand ta présence est certaine, Anonyme Princesse,
Tout en moi renaît et mon cœur s'anime.
Quand j'écoute ta voix, princesse Anonyme,
En moi tout se remet et tout mon mal cesse.

Quand ta présence, Anonyme Princesse, est vraie,
Mon cœur s'anime et tout se remet en moi;
Quand j'écoute, princesse Anonyme, ta voix,
Tout mon mal cesse et tout en moi renaît

Quand ce n'est pas moins vraie ta présence,
Tout en moi est réveil et mon corps n'est plus las.
Quand je te prends, Anonyme mienne, dans mes bras,
A mon entour tout est clarté et renaissance

Quand ta présence n'est pas moins certaine,
Ta douce jeunesse envahit mon corps;
Quand je t'embrasse, Anonyme! Une fois encore,
Tout mon sang, danse dedans mes veines.

Quand de joie nos cœurs unis dansent
Mon âge tient son espérance;
Et mon cœur et mon âme fort émus,
Serrés aux tiens, toi, toute nue,
Se sentent avec profondeur,
Enivrés d'un étrange bonheur.

XVI

Mon Orchidée

Assis sur le sable encore mouillé,
Après les premières pluies d'été,
Comme une épave j'ai vu une Orchidée,
Par les blanches vagues, amenée.

Crépusculaire amant à ceci accoutumé
J'ai pris la triste et belle naufragée,
Que par joie j'ai vue encore respirer,
Et son tendre parfum à peine effacé.

Vers ma poitrine, tout beau je l'ai soulevée
Pour qu'elle soit par mon cœur réveillée,
La lune alors, toute entière et dorée,
Vers l'horizon sans nuages, s'était levée
Pour embellir ma candide naufragée,
Mon unique et mon tout, mon Orchidée!

XVII

Jeunesse

Jeunesse, parole douce à prononcer,
Et que plein en est ton corps de reine!
Oh, femme! Que ta présence de fée
Et ton regard de tendre sirène
Doucement arrêtent ma peine!

Combien la force de ton âge, ma poupée,
Fait à ma jalousie reprendre haleine,
Et ton poids corporel, ma bien aimée,
Caresse-le mien, nu, et je tremble, et,
Quelle folie! Tu n'es plus rythmée, tour
Mes yeux se voilent et se vident mes veines,
Grâce à ta jeunesse et à la joie humaine.

XVIII

Plaie nécessaire

O, fente défendue, ô, pauvre plaie
De rare fragrance, fruit qu'on fane,
Pomme éternelle sans nulle paix
Qui de tous est plutôt « tyrane »!

O, corps si beau déjà qui ride
Par tant d'insatiables jolis gais;
Le cœur faible en demeure vide,
Insipide, pâle et fade, la plaie!

En pleine jouissance se vide leur folie,
En plein abandon s'inonde son corps
Qui sait d'amour ou maladie,
De bonheur ou qui sait, de mort!

Ses entrailles se bouleversent
Par tant de maladies indues!
Maladies rares et perverses,
Si belle sa gorge nue.

Et ses entrailles en sont affaiblies
Si souvent inondées de la sève
Qui les rouille de tant de maladies
Par qui ne l'adorent qu'en Eve!

Et pleure sans larmes son ventre
Que les Narcisses affolés tuent
Ou fécondent quand Zeus y entre,
Elle alors toute une proie nue!

Bêtes qui rassasient leur ire
Dedans cette douceur vivante
Sans penser aux joies et désirs
Qu'elle néglige en livrant sa fente.

Et ils crient bonheur et plénitude
En quittant son lit encore chaud
Où ils laissent en solitude
Un corps brisé toujours si beau.

Ils imaginent le goût du fruit
Qui dans l'arbre est solitaire;
Ils ne le laissent pas plus flétri
Dont le goût n'est jamais amer.

Elle les voit si riens étendus
Sous la douce ombre interdite
Où elle se découvre toute nue
Pour calmer leur folie bénite

Et ils l'adorent belle vraiment
Et l'en croient fort satisfaite;
Puis ils se disent tentés comme Adam
Ignorant, hélas, sa fleur défaite!

Combien ils étouffent joyeux
Lorsque ses cheveux ébènes
En cascade, brillant et soyeux,
Couvrent leurs figures déjà sereines

O, le corps beau et vénusien!
Les lèvres si petites et charnelles
Cachant des ivoires de perles, les siens,
Si parfaits qu'ils semblent irréels!

Uniques et sans défaut, les yeux
De princesse ou d'esclaves, qui demandent,
Et dont la couleur et la forme, parbleu,
Sans pareils, telles amendes!

XIX

Vieillesse

Que fortement je l'aime, je ne peux le dire,
Mon instinct déjà en faiblesse;
Je voudrais écouter, Zeus, qu'elle me désire,
Mais je crains que l'élan du bel âge te laisse;
Et oser l'embrasser serait un délire
Mon corps déjà sans jeunesse.

Le désir de boire à sa source de vie,
D'y goûter son nectar, éloigne ma paresse
Et emporte Zeus au seuil de la jalousie,
Qui attend plein d'espoir pour faire sa messe
Et bénir le péché dans l'autel vital.

Oh, Zeus sans Olympe, dont le bouffon caresse
Pour calmer la colère, c'est le stage fatal
Duquel nul ne se sauve! C'est, hélas, la vieillesse!

XX

Ne sois jamais prétentieux

C'est dur à croire, mon vieux,
Que la femme que tu as aimée
Soit partie pour aimer un autre mieux;
Qu'elle crie, jouisse sous un autre poids
Comme elle faisait étant ta seule aimée,
Sous le tien, mille et tant de fois.

Et dire que tu ne vivais, mon bonhomme,
Que pour l'avoir toujours tout près,
Mais, hélas! C'est un autre qu'elle nomme,
A présent, tel toi hier, « mon amour vrai ».

C'est dur à croire que ta femme unique
Répète dans de longues nuits obscures,
En plein délire, la phrase impudique
Me comblant de joie, au sommet du plaisir,
« Je n'éprouvais jamais de choses si pures,
Tu es le seul homme consolant mon désir ».

XXI

Le temps passe

Peu à peu passeront les heures
Et les jours, et les mois, et les ans,
Mais un jour ou l'autre, en quelque temps
Elle sentira l'écho de mes pleurs.

N'empêche pas que la marée baisse
Et laisse-les jouir en attendant :
Aveugles qui ne voient ni leur faiblesse
Ni qu'un jour après l'autre, passe le temps.

XXII

Mon Eve

Nature qui me comble d'espoir,
Me voilà un être dont le cœur amoureux
Bat sans cesse et pense au soir
D'un jour pas lointain et heureux
Où elle viendra avec son regard illuminé
Comme un soleil tiède et généreux
Pour me dire avec sa voix bien aimée
De l'emmener au lieu où elle est née,
Où nous resterons peau et chair à jamais,
Elle, tendre et candide et pleine d'allégresse;
Et plus que jadis, alors qu'elle existait,
Je lui ferais des poésies de tendresse
Qu'elle écoutera passionnément
Pour la voir très doucement
Et plus belle encore et plus merveilleuse,
Elle, ma jolie et mon Eve amoureuse.

XXIII

« Joliève »

Par un chemin sans épines
Malgré l'abondance de fleurs
J'ai vu une image divine
D'emblée éblouissant mon cœur.

Du plus profond de mon âme
C'est comme un chant qui s'élève;
L'image, alors charmante dame,
Que la nature baptise « Joliève ».

Sa beauté est si vers l'extrême
Qu'elle dépasse la belle Joconde;
Et sa douceur est si suprême
Que mes poèmes elle féconde!

Fut le premier homme
Image du Créateur;
La femme de cette fleur
« Joliève » alors qu'on nomme.

Et pleine d'odeur et gaieté
Pousse même au désert
Cette étrange fleur rêvée,
Divine image première.

De son profond arôme
Dehors dure une saison
Toujours tout beau s'embaume
Chaque bénie maison

On la voit toujours
En Orchidée ou en Rose
Qui de joie ou d'amour
Ou de pluie s'arrose.

On la voit en Lys ou en Glaïeul
En tout fleuri jardin;
C'est la fleur de nos aïeuls
Depuis le premier matin.

Et sur la grève au soleil
Ou en hiver sous la neige
Du blanc au vermeil,
Elle pousse encore, rêvais-je!

XXIV

Belle « Joliève »

Tout beau, davantage et même encore,
Sur l'horizon où l'on voit qui naît
Si colorée la belle aurore,
Mon cœur ne s'en voit plus défait.

Oh, bonheur, n'y ayant pas de rêve
Sans trouver tout sauveur le réveil,
Tel qui éclaire la nuit le Soleil
Enjolive ma vie la « Joliève »!

Non plus n'y ayant pas d'yeux sans larmes,
Ni solitude sans de tristes amis,
Cette fleur étrange et pleine de charmes,
Par l'odeur rend la beauté plus jolie!

Et n'y ayant pas d'été sans pluie,
Ni Jasmin sans odeur
Ma « Joliève », ma Rose chérie,
Rend mon île l'Eden des fleurs.

Et la verdeur de ses plaines et ses champs,
Laquelle avec l'azur du ciel combine
Sous le Soleil pressé et flamboyant
Davantage fait ma terre divine.

XXV

Mon Hirondelle

Dès mes bras, souple, mon oiseau s'est envolé;
Or, je garderai le nid vide, par sa fuite, abandonné ;
Vole au-dessus des mers, fragile hirondelle;
N'en sois pas affligée et reste belle,
Mais ne laisse ton joli hirondeau,
Né libre et gai comme un moineau.

Quitte les lieux tempérés et cherche ailleurs;
Comme tu le fais par nature, non par bonheur,
Je garderai le nid chaud et à jamais nôtre
Où je ne chérirai passerine autre.

XXVI

Marbour

Hirondelle qui, d'emblée, quitte les lieux
Laissant ses traces, comme au mur le lierre,
D'amour pour nicher sous d'autres cieux
Où la sagesse en fleurira comme lumière.

Laissons qu'elle vole sans aucun adieu,
Tant du rôle qu'elle prône elle est fière;
Et admirez son vol royal et gracieux
D'oiseau fragile et passerine première.

XXVII

L'un

Lorsque la joie de vivre s'affaiblit
Il ne reste qu'attendre le verdit
Pour s'envoler vers d'autres cieux
Où tout te serait merveilleux.

L'autre

Mais tant qu'il y aura de la vie
Il y aura un tant soit peu l'espoir;
Peins ton passé en belle poésie
Et ton ombre ne sera ton miroir.

XXVIII

Le poète

Ce qui n'a pu faire ni tempêtes
Changeant en douces mers les steppes;
Ce qui n'a pu faire ni nuits froides
Pendant les saisons grises et maussades,
Temps de mélancolie, temps immobile
Parvenant à te faire à peine inutile;
Ce qui n'a pu faire ni temps sans pluie
Qui plutôt te tuant, plutôt t'ennuie,
Te défeuillant sans pleurs et sans égard,
Malgré avoir été point de regard
De jolis ailés et tyran de l'ombre,
L'a pu faire et sans aucun encombre,
Ce pèlerin, maître absolu des ans,
Dieu de la vie, le passage du temps.

XXIX

L'arbre

Toutefois les steppes ravagées où coule
Comme fleuve l'eau divin des cieux;
Toutefois l'hiver qui froidement s'écoule;
Et que soudain vous me trouviez si vieux,
Inutile, mon ami, je ne suis pas;
Et mon fief de l'ombre a beau disparaître,
Etant moi-même sans force et las,
Je serai toujours utile, tel tout autre être.

Si de loin on m'admirait orgueilleux
Et on me prenait pour un point de repère
Vivant sans pareil dans tous ces verts lieux,
Dites, cher humain, à quoi bon s'en faire.

Si jadis j'étais de l'ombre un tyran,
Je le serai aussi de tout foyer;
Si je ne suis plus le même d'antan,
Comme bois je suis encore bon, voyez!

XXX

Malgré

Malgré le vent froid
Et que dorment les étoiles cette nuit
Il y a très profondément en moi
Une pure et douce amitié qui luit.

XXXI

Feuille

Un jour, j'étais couché tout seul sur mon lit
Quand, à travers la fenêtre grande ouverte,
Et malgré les jours du temps maussade et gris,
Est entrée dans ma chambre une feuille verte.

Dans l'arbre elle avait été sur une branche
Que le vent d'automne battait avec ire;
On dirait une femme à belle hanche,
Cette feuille, comme celle que l'on admire.

Elle s'était posée doucement auprès de moi,
Que j'ai regardée et prise dans mes mains.
Qu'elle était exubérante, malgré le froid
Et malgré le vent s'irritant les matins.

« Chaque jour, dès là, si seul je te voyais
Dans la chambre, sur le lit, ô, mon solitaire!
Que j'ai eu quitté le foyer que j'aimais,
M'a-t-elle dit, pour être ta partenaire.

J'ai pris par les hanches la feuille divine
Que j'ai approchée contre moi, plein de feu;
Je l'ai embrassée, j'ai goûté sa résine
Et effeuillés nous sommes restés tous deux.

XXXII

La bouteille

La bouteille est vide et solitaire
Parce que son sang, vieilli dans son ventre
N'est plus, mais elle, l'autre, n'y a goûté guère.
C'est là, sur la table, bien au centre,
Et que je regarde triste, tout près de moi;
Alors je ferme les yeux, tant je peur
De faiblir, de ne plus rester tout à fait coi,
Et que le calme soit brisé par mes pleurs.

La veille, pendant que mon petit moi dormait,
Nous deux, nous étions l'un pour l'autre,
Alors qu'une vieille année passait;
Et à mesure que son sang jadis nôtre,
Entrait en moi, sa bouche dans ma bouche,
Je l'aimais, ma solitaire, ma bouteille.
Et j'ai voulu crier comme une bête farouche
Parce que je l'ai vue triste, un peu vieille:
Elle nous a eu quittés malgré sa promesse,
Moi, et le nôtre et notre liqueur;
Elle a eu préféré d'une autre l'allégresse,
A qui elle a donné sa fleur, la fleur
Que j'avais tant gardée et soignée
Tous les jours, du couchant à l'aurore
Sans nul ennui, durant chaque année.
Mais cette fleur m'appartient encore;

Aussi ne lui en veux-je pas, mais il me semble
Que ne pas avoir bu de ce vin, notre vin,
Que nous avions accordé de boire ensemble,
Lui causerait, un jour ou l'autre, enfin,
De reproches de la vie. Or, ce n'est qu'elle
Qui pourrait son chemin blanchir
En embrassant la vertu éternelle
Et laissant un autre vin vieillir.

Ma bouteille est solitaire et vide,
Dans mes veines courant son énergie;
Elle nous a laissés, perfide,
Moi sans paix, la bouteille sans vie.

XXXIII

Marguerite

Que je ne t'aime pas comme tu mérites!
Qui aurait dit telle chose sans valeur!
Qui aurait osé te mentir, Femme et pudeur,
Toi, que la nature nomme Marguerite
Dont l'arôme enivre entière ma vie,
Et que les plus belles fleurs aiment et envient!

C'est rare à croire, mais c'est évident
Que ta seule présence, heureux me rend
Et quand tu me regardes de tes jolis yeux,
Mon âme soupire et tout en moi est radieux.

Toi, Femme idéale, Femme pure et sensible,
Laisse-moi t'aimer et ne fais pas impossible
Ce sentiment noble et pur, qui commence à naître
Malgré toi, malgré moi et malgré tout être
Cruel et insensible, qui n'aurait jamais traduit,
Que soit une mer d'étoiles la nuit,
Notre illusion en tendresse et amour,
Et notre amour en longue vie pour toujours.

Que serais-je, hélas, sans toi?
Rien d'autre qu'un homme sans foi.
Mais que deviendrais-je si tu me quittes?
Moi, ton effleureur, toi, ma tendre Marguerite,
Qu'aiment et envient les plus belles fleurs,
Et dont ma vie entière embaume l'odeur
A la naissance du jour, à l'aurore,
Où ivre de la brise matinale, je t'adore!

Que je ne t'aimerais pas? Tu le mérites?
Comment croirais-tu à une chose sans flamme?
Oserais-je te mentir, pudeur et femme,
Toi, que la Nature immortelle nomme Marguerite,
Que les plus belles fleurs aiment et envient,
Et dont l'odeur enivre entière ma vie?

Oh, Femme sans égale, féminité magnanime,
Dès que je t'ai vue, je ne rêve que de toi!
Je te vois dans la nuit et mon instinct s'anime;
Et toute habillée en Eve, tout s'affole en moi.
Laisse alors t'embrasser en feu et sentir ta peau,
Si fine et luxuriante, que mon âme élève, oh!
Y poser mes lèvres pour me déborder de vie,
De parfum et sève, d'amour et poésie.

Laisse que tes cheveux telle soie, telle cascade,
Cachent mon visage, et en silence,
Nos lèvres danseront leur ballade.
Et toi, entre mes bras et toute en délivrance,
Toute en amour, embrasse le délire inné,
Pour que d'autres larmes, en torrent comme pluie,
Arrosent ton autel de nectar inondé,
Tandis que dehors, froide et sereine, reste la nuit.

Oh, Femme, sculpture divine et humaine,
Des plus belles, la souveraine,
Créée pour être ma favorite,
La plus jolie et douce, ma Marguerite."

XXXIV

Pourvu

Pourvu que tu m'aimes, ma jolie favorite,
J'irais au bout de l'univers
Où je cueillerais pour toi une Marguerite
Dont les pétales seraient fins comme ces vers.

Pourvu que tu m'aimes, je te ferais ma vie,
Ce que l'autre Adam fit de son Eve,
Et tu vivrais toujours dans mon rêve
Où tu serais ma favorite jolie.

XXXV

Cette nuit

Sous la fraîcheur
D'une nuit d'été,
D'étoiles toute constellée
Brillant au firmament,
Comme autant de diamants
Au hasard jetés
Par un inconnu rêveur,
Je t'ai ma vie embrassée;
Et dans mes bras, toute serrée,
Fortement, tu as pleuré,
Mais de joie et d'amour,
Pas de douleur, pour toujours.

XXXVI

Jalousie

Quand je te vois
Je m'évertue
A éviter l'éclat
De ta figure nue,
Toute belle et fine,
Par le bon soleil
Qui habile dessine
Au temps du réveil
Joliment ton corps;
Et tout est couleur
En toi et dehors;
Tu es comme fleur;
Et rien qu'à te voir
Je ne veux, ma Rose,
Qu'un autre regard
Sur ton corps se pose.
Je t'en couvre toute
Librement sous mon poids,
Tant coûte que coûte
Tu n'es plus qu'à moi.

XXXVII

Âme

Âme affolée sans amour,
Oh, peine intérieure qui me tue,
Laisse le corps, va, évolue
Et revient en lui un grand jour.

Par le temps, par les ans, purifie,
Non pas le corps sans force, la vie
Qui vaut un réveil et vaut l'espoir,
Et plaints son sort sans t'émouvoir.

Âme sans amour affolée,
Vole au loin chercher la lueur
Dont tu as besoin pour trouver le bonheur
Que tu as chaque jour négligé.

Tu reviendras et tout sera passé;
Tu reprendras ta place dans le corps
Dont le cœur endormi battra encore
Et tout sera en lui nouveau-né.

XXXVIII

**Tel le vent
Passe le temps**

Tandis qu'en des bras plutôt vigoureux
A l'amour de la chair elle se livre,
Il nourrit son esprit de paix, et heureux,
Il laisse le temps passer et vivre.

Tel le vent

Le temps vit et il vit avec le temps
Malgré l'épine qui pousse dans son cœur,
Mais il remercie mille fois le vent
Qui emporte son triste malheur.

Oh, doux vent! Douce et tendre brise,
Qui suave son précoce ridé visage
Embrasse, son âme égarée et grise
Retrouvera l'équilibre et un nouvel âge!

Or, par un destin commun, Tel le vent
Ponctuel, imposant et sévère
Toujours à jamais passe le temps

XXXIX

Ton approche

Mon égoïsme de male sensible
Tient à toi comme l'abeille à la fleur
Et rien que ton approche, ton odeur
Réanime mon feu, feu pur et loisible
Que je n'éprouve qu'à ton compte,
Se nourrissant dans mes rêves, sans honte,
De volupté fervente et à la fois paisible.
Et si maladie à guérison impossible
Se soulage quand le malade souffrant
Reçoit un doux sourire de celle qu'il aime,
Ton seul regard d'ange semble même
Combler d'espoir mon âme d'amant.

XL

La Fleur que j'aime

Qu'il fasse laid ou qu'il fasse beau,
Oh, ma prière! Le temps qu'il me faut,
Sous le vent d'automne ou sous la pluie,
C'est le vol d'un papillon, lequel, lui,
Jaloux de ma présence, me surveille,
Tant il a peur que de ses merveilles
Je lui dérobe la plus jolie fleur,
Que j'aime du plus profond de mon cœur.
Il en a d'autres, mais je n'en ai aucune;
Je l'ai choisie, et à la nuit sans lune,
Alors que tout sera calme et sombre,
Je me glisserai sans que rien ne n'en encombre
Et je la ferai mienne, je le jure sur parole
Parce que sans son parfum mon âme s'affole.

XLI

Une fleur

Je garde fervemment une fleur
Qui a encouragé mon âme;
C'est mon symbole de bonheur
Pour la plus jolie des femmes.

Ne laisse pas qu'elle périsse, ta Rose,
Qu'avec entrain j'ai soignée chaque jour
Et que chaque jour j'encore arrose
Pour que dure à jamais notre amour.

XLII

Dahlia encore

Même en automne, ne ferme pas tes yeux,
Regarde-moi sourire d'allégresse,
Viens, touche à mon cœur amoureux
Et dis alors adieu à la tristesse.

Si jaunissent encore les fleurs,
Ne t'en fais pas outre mesure :
Elles s'épanouiront, j'en suis sûr,
Avec pourtant plus de splendeur.

Et si le chagrin et le souci
Insistent à ta porte, Dahlia,
Ne pleure pas, je t'en prie,
Tant qu'amour et pluie il y a.

XLIII

L'amour arrive

Comme le temps, arrive ainsi l'amour,
Tout beau, sans faire du bruit;
Le nôtre n'a pas été autrement cette nuit
Car il est entré en nous pour toujours.

Ce fut en Avril le Cinq, je m'en souviens
Que la lune et les étoiles sourirent,
La solitude et la douleur périrent
Et mon cœur, jadis triste, s'unit au tien,
Pour ne le quitter plus, malgré tout,
Parce que l'amour vivra en nous.

XLIV

Amour

Amour! Tout est jeune encore;
Ne soit plus triste, et laisse qu'il arrive;
Garde l'espoir, car il aura son aurore
Et son jour ensoleillé, la pluie vive,
La brise fraîche et le vent ravageur.

Ecoute comment palpite en nous la vie!
Tu ne vois pas qu'il le fait par bonheur!

Mais laisse-moi faire et reste ma jolie,
Ainsi, peu à peu, tout verdira sans bruit;
Rien n'empêchera qu'en nous, un jour,
Indélébile, sans taches, sans ennui
Et sans discorde, éclose l'amour.

XLV

Marie

Si tu veux que je meure, Marie,
Ne le fais pas, de grâce, lentement;
Ouvre ma poitrine, viens, je t'en prie,
Et prend mon cœur, doucement;
Il est à toi, et si tu en as envie,
Brise le, brûle le, mais rapidement
Pour ne plus pleurer d'avoir perdu ma vie,
Toi, tu étais ma vie, moi, ton triste amant;
Mais je t'attendrai en tout lieu, ma jolie,
Où personne ne pourra effacer ce sentiment
Noble que je garde au fond de moi, mon amie;
Or, ne me plains pas si ce que tu apprends
Par ces vers t'étonne et laisse ma folie
S'épanouir heureuse en attendant.

XLVI

Anne Marie

Mon cœur ne se trompe pas, douce amie,
Qu'il est en face d'une femme de vie,
Quelqu'un qui nous émerveille par sa sagesse,
Ainsi que par son âme et sa finesse.

Non par hasard on t'appelle Marie.
Mais pourquoi te trouve-t-il si jolie?
Ne serait-il pas en train de te voir, Anna,
Comme une Rose qu'à peine il y en a,
Une Rose pure, absolument différente,
Une fleur fragile, mais épanouissante,
Qui ne se fane plus en un ou deux jours,
Telle toute autre, ta peau toujours
Immaculée et suave tel pétale,
Et parfume la brise et te rend inégale.

XLVII

Jour pour l'amour

Chaque année il vient un jour
Que tout être sensible à l'amour
Attend, mais auprès d'un partenaire
Qui sache affronter tout vent contraire.

C'est un jour non pas comme les autres;
Ce sont vingt-quatre heures nôtres,
Où tout est si beau et tendre,
Que le fruit de discorde, comme mur en cendre
S'écroulant sous l'effet du vent de la nuit,
Ne prend plus d'élan dans le triste ennui.

C'est le plus joli Jour de Février,
Date des amoureux ornant le calendrier,
Bien que hors de nos cœurs il fasse froid
Et que le ciel devienne gris à la fois.

XLVIII

Isabelle

Immaculée, j'ai mis dans mon jardin une fleur,
Simplement pour qu'elle m'inspire à vivre
Avec son regard d'ange et sa fraîcheur
Bien que, ouvertement mon cœur ivre,
Elle ne comprenne pas l'immensité,
La profondeur et le feu de cet amour,
Les pleurs de mon instinct et sa débilité!
Est-ce que ma fleur se fanera un jour?

Iris dont le cœur est si tendre,
Si pur, que je prends comme trésor,
Arrosé par les armes que je n'ose répandre,
Belle mienne, et à l'aube et au couchant encore,
Et même au lendemain, que pour toi,
La plus fragile des fleurs de mon jardin,
La plus exotique que je garde pour moi,
Et ne se fanant ni la nuit ni le matin.

LXIX

Iris, Iris

Imaginer un joli jardin
Rarement blanchi de neige;
Imaginer qu'un matin,
Sans taches, rêvais-je,
Immaculée, tendre le cœur,
Réveillant son amant ailé,
Iris, cette jolie fleur,
S'épanouit pour être aimée!

L

Effleureur[iii]

Mes rapports avec les fleurs,
Sans me prendre pour un fleuriste,
Des déesses de l'amour esclavagiste,
Se trouve en ce que je suis un « effleureur ».

Non plus un faux jardinier, ironique,
Des variétés en pétales, bon connaisseur,
Mais plutôt simplement, un « sublimeur »
Qui en cherche un hybride unique.

Dis, fleuriste, enchérisseur ignoble
Des adorées et fragiles «Aphrodites»,
Elan de verve des âmes en poétiques,
Pourquoi méprises-tu une chose si noble?

Et dis, jardinier, pourquoi donc, l'air pieux,
Dévoué depuis la veille jusqu'à l'aurore,
Asservis-tu ces œuvres que tu adores,
Les plus jolies qu'aient vues nos yeux.

Laisse qu'elles s'aiment, cruel jardinier,
Mille fois, à son propre insu, geôlier!

Adoration qui te pousse, en temps sans pluie,
A procurer la vitale sève liquide,
Pour que leur beauté se tienne limpide
Et leur existence dépasse la nuit.

Et ainsi, ni Rose, ni Tulipe, ni Laurier,
Ni toute autre « effleureuse » en amour
Nourrissant nos âmes chaque jour,
Ne décevront aucun vrai jardinier.

Et plus qu'eux-mêmes seront ses jardins
Et plus sublimes tes Orchidées,
Non moins beaux vos Glaïeuls que leurs Giroflées,
S'aimant tous dans nos nouveaux jardins.

Et en tout temps, même en temps froid,
Ces jolis nouveaux jardins abriteront
Dans leurs somptueux et royaux sillons
Toute fleur nouvelle auprès du « effleureur » roi.

LI

Le jardinier rêveur

Je ne suis qu'un humble jardinier
Qui cherche encore son spécimen;
J'en rêve d'un échantillon pour hymen
Qui mon jardin, par amour, non par pitié,
Enjolive, soit en été, soit en hiver,
Sous la neige ou sous la tiède pluie,
Soit au grand jour ou à la belle nuit,
Et dont l'odeur soit élan de mes vers.

Un Iris, une Rose, un Glaïeul, un Narcisse,
Qui au doux printemps ou en morne automne,
Sous un vent ravageur, sous un ciel qui tonne,
Mon rêve en feu, mon rêve unique embellisse.

Je suis un jardinier rêveur
Qui cherche son spécimen encore;
Je flâne dans les nuits sans aurore
Sans trouver, hélas, ma fleur!

LII

Ta présence

C'est ta présence qui me fait vivre,
Ce qui dans les nuits d'abandon
Emeut mon cœur de joie et me rend ivre;
Ta présence aussi douce que les sons
A l'aube du rossignol chantant,
Dont la musique plonge dans nos âmes
Comme cette idylle encore palpitante
Qui naquit dès que nous nous aimâmes.
Reste encore et sens cette douleur
Dont tu as besoin, qui te donne la vie;
Viens dans mes bras me donner la chaleur
Qui mon cœur réchauffe et purifie.

LIII

Baiser volé

Pour mon âme sauver et éblouir
Un baiser je t'ai volé même
D'où à présent mon cœur fera ouïr
Que comme un fou je t'aime.

Dès que mes lèvres sur les tiennes
Se sont posées a tremblé tout mon corps;
Laisse-moi les y poser encore
Pour que tu ne sois qu'absolument mienne.

Depuis ce premier baiser plus homme
Je me sens, plein d'espoir et tout autre;
Aimons-nous passionnément, en somme,
Pour que cette idylle demeure nôtre.

LIV

L'amour et l'amitié

Avec mes yeux tristes, ma passion lasse,
Je regarde mon jardin, naguère fleuri, hélas!
De plus jolies roses qu'on aurait jamais vues;
En ce jour tout y est morne, n'y ayant plus
Que ses traces par où elle est passée
Avec un regard étrange et outragé.

Or, tant qu'il y aura l'espoir et les fleurs,
En moi vivront l'amour et l'amitié éternelle;
Donc, je jure sur les dieux que je n'aimerai qu'elle,
Qui plonge ma vie en fort et pur bonheur.

LV

Naissance d'un amour (1977)

Assis, près de la mer calme, pleine de musique,
Je regarde la lune qui brille, là, sur moi,
Et dans mon tréfonds, c'est quelque chose d'unique
Qui palpite, parce que j'ai connu de toi,
Non la beauté de tes yeux ni celle de ton teint,
Et rose et joli, mais ton cœur pur et sain.
Tu es comme cette mer d'été que j'adore
Sous la lune d'argent dans un ciel à peine étoilé,
Avec ton regard tendre comme brise d'aurore!

Et je ne sais pas si ce qui en moi est né
S'appelle « toi et moi ensemble pour jamais»,
Mais c'est quelque chose de sublime, je le sais;
Quelque chose qui pousse de plus en plus fort
Et devient radiant; et je regarde le lit vide
Où je reste seul parce que tu es partie, timide.

J'écoute la mer appeler encore,
Mais moi, je ne peux faire rien d'autre qu'attendre,
Rien d'autre que lutter contre cette solitude
Que je sais passagère, vu que ton aptitude,
Divine, serait de rester auprès de moi, tendre,
Amoureuse, et cela me fait devenir fou,
Mais de joie et d'amour, et tout heureux,
Parce que la nuit devient triste sans nous deux.
Combien la vie se dévoile éternelle pour nous
Lorsqu'au loin se découvre l'aurore!

Je voudrais te serres tant dans mes bras
Et te dire que je t'aime, mais je n'ose pas,
Tant j'ai peur de te blesser, de te perdre même,
Mais que pourrais-je faire pour te dire que je t'aime!

LVI

Amour perdu

La voilà éloignée vers d'autres cieux,
Et toi, triste et seul, tu es plutôt fini;
Et ton corps sans chaleur et anéanti
Devient las, car tu ne vivais que par ses yeux.

Tu as perdu ta gaieté et tes larmes
Pour avoir tant pleuré son abandon,
Mais la vie te rendra autant de charmes
Malgré sa fuite vers un nouvel horizon.

LVII

Regarde-la

Regarde-la, belle et à autrui!
Elle faisait palpiter ton cœur, étant ta vie,
De joie et amour, mais aujourd'hui,
Plus belle et à autrui, elle a quitté ton nid.

Oh, nid! Doux foyer que tu avais construit
Pour elle, pour vous, qu'on plaint désunis!
Et toi qui vous croyais à outrance, jolis,
Autour d'une idylle sans peine ni ennui!

Pauvre ami dont l'amour s'enfuit,
Regarde-la plus belle, mais moins ta jolie!
Mais ne pleure plus sa fuite et souhaite-lui
Du bonheur pour avoir été ta joie et ta vie.

LVIII

Tu restes....

Que tu l'aimes violemment,
Lui, qui t'est quelque chose de magique,
J'en conviens, mais en tant qu'amant,
Mon amour à ton compte est unique.

Il pourra te faire oublier nos doux jours
Grâce à la puissance de sa jeune vie,
Mais toi, tu seras dans mon cœur toujours
Etant genèse de ma poésie.

Il pourra te faire du mal, peut-être,
Et dans un élan de folie, te tuer même,
Mais il ne pourra jamais faire disparaître
Et mon amour et que sans faiblir je t'aime.

Toi, ma jadis et encore fleur,
Tu riras dans ses bras, joyeuse,
Et moi, dans un coin sans ta lueur,
Je languirai, mais vis heureuse.

Peu à peu, tu vielleras à travers le temps
Et comme la neige sur une vallée,
Ta tête se couvrira des fils grisonnants,
Mais dans mes vers tu restes ma jeune aimée.

LIX

Vraie Vertu

Femme de vertu, d'ouvert et noble cœur,
Qui sans frontière, pigeon voyageur,
Pour semer la bonté, quitta son colombier,
Foyer bâti avec amour et douce pitié!

Amour qu'elle sut tresser en vers
Pour nourrir les âmes des pervers,
De la foi qui aide et fait aimer,
Foi sculptée pour leur vie sauver.

Pitié qu'elle cuva envers ces autres
Rodant dans la nuit comme apôtres
Sans légende ni but qui s'accomplisse,
Pour que dans leur cœur l'amour fleurisse.

LX

Dix ans plus tard[iv]

Je relis ce papier jauni, toujours lyrique:
«Assis près de la mer calme, pleine de musique!»
Ce fut le début de mon élan de poésie
Quand mon âme se trouva par sa vue saisie

Dix ans écoulés et c'est encore du flambeau
Dans cet aveu d'amour qui prend un an nouveau,
Bien que sa présence en chair se soit évanouie,
Mais ma poésie en tient toujours mon âme éblouie.

Pendant dix longues années, je l'ai peinte en vers,
Et par là, plus rien n'égalait mon univers;
Tout son souvenir d'amour dans mes poèmes
A niché, toutefois ses manières bohèmes.

LXI

Faiblesse humaine

Un feu détruit par cruauté, tel le nôtre,
C'est barbare, mais un jour après l'autre
C'est une chose, dirait un sage, réelle;
Et quiconque m'a éloigné de ma belle,
En lui faisant croire que c'est ma procédure,
Hélas, la cause de cette amère rupture,
Saura un jour ou, qui sait, saura demain,
Que la méchanceté n'a rien d'humain.
Donc, il ne faut qu'attendre le Grand Jour
Pour voir pleurer ce cruel qui mon amour
A blessé, tant je sais que par faiblesse
Elle m'a quitté pour sentir en une autre allégresse;
Aussi le temps sera-t-il témoin du châtiment
Qu'il mérite pour avoir l'esprit méchant;
Peine que la vie fera payer pour de bon,
Non à elle, mais à lui qui en démon
De la sorte a agi en me plongeant
Dans cette solitude malgré tant de beaux ans.

LXII

Heureux Anniversaire

Ma chère créature divine, tu vois,
Je te donne ce présent dans ton Jour;
Garde le bien à jamais, oh, Fleur de joie,
Parce qu'il rendra plus fort notre amour.

Malgré le froid, le soleil brille au firmament
Comme jamais jadis car tu prends vingt-quatre ans;
Une autre prise d'âge chaque année viendra,
Mais notre lien, jeune à jamais, vivra.

LXIII

La Fleur bienvenue

Comment ma joie j'exprime,
Trouvée dans mon jardin,
Une fleur belle et sublime,
Changeant tout mon destin!

Ce n'est pas une Mandragore
Si rare qu'on voit partout,
Voire même un Jonc encore,
Docile et sans atout!

Même moins le trop joli,
Exubérant Tulipe;
Plutôt une douce amie:
La bienvenue Felipe!

Et la Felipe a fait,
Par sa présence en fleur,
Qui pousse en moi la paix,
Et par sa fraîche odeur!

Laissons nos fleurs en joie
Avec ce spécimen
Pour elles, c'est bon aloi
Cette Rose à leur Eden.

Elles dansent heureuses alors
Autour du Papillon
Tout en voyant l'aurore
Qui entier peint l'horizon

LXIV

Papillon Joyeux

Et vole sous tous les cieux
Avec la bonne nouvelle
Que dans ton règne de Dieu
« Joliève » : ta fleur s'appelle.

Muguet ou Chrysanthème,
Iris ou bien Dahlia,
Cette fleur que l'on y aime
« Joliève » s'appelle déjà!

LXV

Ta bouche

¡Divine, ¿d'où m'es-tu sortie
Avec cette bouche sensuelle
Qu'un point d'ébène petit,
Comme une touche si belle,
Toute entière, embellit!

¡Poète d'art fut le Maître
Qui un jour d'amour inouï,
Plein de fleurs te fit naître
Et d'emblée, tout ébloui!

Embrasser ce *bijou* par ton âge,
Ma divine, est un défi;
Mais sans hélas cela m'encourage
A aimer encore plus la vie

¡Combien à ton insu, je t'aime
Avec ta bouche unique, ma jolie,
Et ton corps pur à l'extrême,
Qui du Ciel est déjà béni!

LXVI

Ton corps, et ton arôme

¡L'arôme de ta peau si tendre
M'affole et réveille ma libido!
¡Laisse-moi en l'instant te prendre
Pour embrasser ton corps si beau!

Ton corps, telle vraie fortune,
Je veux le garder à jamais
Parce que, telle femme aucune,
Tu plonges mon âme en paix!

LXVII

Vivian Jolie

Viens-tu m'apporter la joie,
Image toute divine,
Venus du temps des rois,
Immaculée, Rose ou Capucine,
Alors que tes beaux yeux
Nous sont tel un trésor précieux?

Jamais jadis aucune femme
Oh, Dieu, n'a ébloui autant!
Laissez donc, de grâce, mon âme
Implorante, mais si en flamme,
Être heureuse infiniment!

LXVIII

Mon souvenir

Quand je pense à toi
Et vois le ciel sans nuage aucune
Mais si belle la lune
Toujours elle me semble
Le souvenir de ma joie
Aux jours passés ensemble

Et je garde notre fleur
Qui un jour béni
Courant la nuit
La lune toujours dehors
Nous a vus nous aimer
Avec un bel amour tout fort!

C'est l'histoire d'un bonheur
Qui n'est toujours fané!

Viens donc avec moi
Parce que mon cœur
Délire sans toi!

Ne fais pas qu'il meurt
Sans cette joie
Que par bonheur
Je ne trouve qu'en toi!

LXIX

Mère

Tu as donné de la vie
Non sans sang ni douleur!
Donc, je t'en remercie
Et t'en offre mes fleurs
Qui seront plus impeccables,
Car tu es leur égérie
Tendre et affable;
Tel tu l'es de notre épistème
Qui par ta grâce grandit
Et fait que davantage on t'aime!

LXX

Depuis un jour, auparavant
L'homme était farouche
Et tout était ennuyeux
Mais il devint heureux
Tout beau en embrassant
De son contraire la bouche

Par la suite il connut
Le travail, la faim et la guerre
Et la jalousie
Mais sa femme jolie
Efface sa colère
Si elle le gâte nue!

Que fut sage le Créateur
Avant que tout ne soit fini
Quand naquit la bête dite suprême
En créant l'autre qui l'aime
Et partage sa vie
Dans l'infortune et le bonheur!

NOTES :

[i] « Créons l'homme d'après notre image ». Suivant un critère linguistique disant que le rapport son/graphie est arbitraire ou conventionnel, où la « dynamique du groupe » (langage) se tient, on est obligé à accepter que l'utilisation de la première personne du pluriel (nous) dans la Bible (Genèse), présuppose une « dynamique du groupe », soit un langage « humain » déjà établi. Du point de vue linguistique et philosophique, on pourrait penser que la Création aurait pu être une œuvre collective ou un « divin accord ». Du point de vue scientifique et matérialiste, et de la théorie de l'évolution, il est à supposer que Dieu créa les gènes (Genèse) de base de la vie, à partir desquels tout a surgi. Il y a deux points énigmatiques que la Nouvelle Poésie donne aux lecteurs pour qu'on y réfléchisse :
1. Si Adam était seul, étant alors homme et femme à la fois dans un monde sans péché ni sexe, un singe ou un oiseau pouvait lui faire compagnie. Dieu lui créa la femme. Alors, si Dieu créa l'homme d'après sa propre image, d'après quelle image la femme fut-elle créée ? Pourquoi le Créateur sut que la meilleure compagnie pour un homme était une femme?
2. Dieu lui-même, alors Jésus, ne vint pas au monde étant alors adulte. Il suivit les stages de l'évolution embryonnaire et humaine : Sperme/ovule et neuf mois dans le ventre d'une femme divine, Marie, pour venir au monde à travers l'organe physiologique et sexuel femelle.

[ii] Le mot «évée» est utilisé pour faire allusion à une femme nue, telle qu'Eve dans l'Eden. Il en va de soi pour l'expression: «habillée en Eve», ce que veut dire «nue». Donc, «évée» est une création métaphorique du nom propre «Eve», qui signifie «en Eve».

[iii] Effleurer signifie « toucher à peine, toucher légèrement » De là que le poète emploie le mot «Effleureur» pour indiquer qu'il s'agit d'un jardinier qui touche les fleurs avec amour et délicatesse et «effleureuse» comme une fleur toute fragile.

[iv] Dans ce même livre, lire le poème LIX «Naissance d'un amour».

Made in the USA
Columbia, SC
07 March 2021